APPEL

A LA

RAISON PUBLIQUE.

PRIX : 2 FRANCS.

APPEL

A LA

RAISON PUBLIQUE.

AVIS A TOUTES LES OPINIONS,

ou

PRINCIPES POSITIFS D'ORGANISATION SOCIALE, PROPRES A JUSTI-
FIER LES CHANGEMENS INDISPENSABLES A OPÉRER DANS NOS
INSTITUTIONS PRÉSENTES.

PAR UN ANCIEN ÉLÈVE DE L'ÉCOLE POLYTECHNIQUE.

> Apprenons à nous organiser : le bonheur et le malheur, le présent et l'avenir des citoyens et des nations, sont dans les institutions.

PARIS,

A. MESNIER, LIBRAIRE,

PLACE DE LA BOURSE;
ET CHEZ TOUS LES MARCHANDS DE NOUVEAUTÉS.

1830.

APPEL

A LA

RAISON PUBLIQUE.

Le cri de vive la Charte! ayant confondu dans un seul et même vœu toutes les opinions et réuni en un corps homogène toutes les activités de la jeune France, il en est résulté une force physique et une puissance morale qui ont suffi, depuis quelques jours, pour paralyser le mouvement rétrograde qui devait compromettre les destinées de la France et la placer dans les rangs secondaires de ces divers États de l'Europe qui sont à la remorque des Metternich et des Wellington.

En reprenant sa dignité première, en apparaissant en armes sous la figure du peuple, la nation n'est pas tombée au-dessous d'elle-même, comme dans nos temps de révolutions; toutes les ames étaient animées de la sublime résolution de conserver la Charte, le pacte fondamental qui fait de toute la France un corps, une seule association d'hommes; et pendant le combat comme après la victoire, le bon sens et les droits sacrés de l'humanité ont été le régulateur de toutes les actions.

Les citoyens, les femmes, l'enfance, ont montré

dès le premier jour un égal dévouement ; la jeunesse du siècle, les élèves de toutes les écoles, se sont montrés dignes de posséder des institutions libres, par la manière décisive, aussi énergique que spontanée, avec laquelle ils ont prouvé qu'ils savaient les défendre.

Ce dévouement sublime qui animait simultanément toutes les ames et qui rendait fier d'être Français, a prouvé : que les classes nombreuses de la population ont bien mérité de la patrie, et qu'enfin le temps est venu de les faire participer aux avantages de nos institutions.

Mais s'il est vrai, comme les faits viennent de le prouver, que l'explosion instantanée du sentiment général d'attachement aux lois ait suffi pour sauver la Charte, s'il y a démonstration réelle que chaque individu en avait une idée suffisante, puisqu'il exposait sa vie pour la défendre, pour la sauver de la destruction ; il est bien vrai aussi que lorsqu'il s'agira de la modifier, personne n'aura peut-être absolument la même opinion. La raison publique peut se diviser, faute de principes généraux bien reconnus sur cette matière, de règle positive qui puisse diriger la pensée. C'est afin de remplir cette lacune que nous réunirons quelques préceptes, qui pourront servir de base aux jugemens que chacun est appelé à former, sur tout ce qui pourra se faire dans ce moment d'organisation.

PRINCIPES D'ORGANISATION SOCIALE.

Le corps social peut être comparé au corps humain; pour qu'il y ait vitalité, il faut que toutes les parties constituantes concourent à son activité en se régénérant ensemble.

Jusqu'à présent l'on n'a véritablement pas encore eu de corps sociaux qui aient de la vie, si ce n'est temporaires et par accident; tous ceux connus végètent; ils se sont seulement succédé les uns aux autres, et les passages successifs étaient généralement marqués par ce qu'on appelle une révolution, analogue à ce qui vient de se passer en ce moment. Il est donc évident que chacun de nous est infiniment intéressé à savoir comment on devrait procéder pour s'organiser en société, et former un ensemble toujours vivace, le plus heureux possible, dont la carrière indéfinie puisse être parcourue sans commotion, sans maladie politique, sans plaies, enfin sans révolution.

Pour le montrer clairement, poursuivons la comparaison; elle seule peut nous l'apprendre, car la société est composée d'hommes, et c'est dans l'examen général de ce qu'éprouve chacun de nous que doivent se trouver les principes qui peuvent le plus convenir à nos agglomérations.

1° J'existe, à la condition d'avoir des membres qui forment un tout avec mon corps ; s'ils en étaient séparés, s'ils n'agissaient pas en vertu d'une même impulsion, je ne serais qu'un automate, composé de membres épars, que la force seule pourrait mettre en action.

C'est ce que deviennent les peuples que des causes quelconques divisent ou paralysent ; c'est ce que nous fussions devenus sous le régime des ordonnances, malgré la puissance de notre civilisation. Il y a peu de jours qu'une milice étrangère aurait pu nous envahir comme nous l'avons fait dix fois des Allemands ; un membre actif du corps social, qu'on a isolé du reste et qu'on appelle l'armée, une fois battu, le colosse français fût tombé gisant aux pieds du vainqueur, sans que sa puissante énergie pût de prime-abord le sauver de la destruction. Réunis par l'amour de l'ordre et des lois, avec une armée et des idées nationales, la France va prendre de la vie, recevoir une ame, et former véritablement un tout homogène, un corps unique, une nation.

2° Je me conserve, à la condition d'avoir un centre intelligent qui vit en communication constante avec toutes les parties de mon être. Ces communications ne sont pas toutes directes, mais je suis d'autant plus parfait et plus heureux, que les sensations que j'éprouve, ont plus de moyens assurés de se faire reconnaître de ma raison. Si cette raison, l'intelligence perfectionnée, me manque, mon corps sans guide se détruit lui-même par ses impulsions : s'il était possible d'avoir une intelligence qui n'eût aucun égard aux appels des sensations, qui n'eût aucun moyen de reconnaître quels seraient les besoins de toutes nos parties constituantes; quelque sublime qu'on la supposât, cette intelligence périrait avec le corps, faute de soins réparateurs, de moyens de conservation.

Telle est la cause de tous les malheurs du gouvernement des ordonnances, qui vient de succomber sous les efforts énergiques de la nation ; il pouvait être fort intelligent, et nous conduire aux mêmes extrémités : par cela seul qu'il était résolu de ne pas écouter les organes de la nation, il s'est suicidé lui-même, et comme pourrait le faire chacun de nous, le jour où nous aurions la folie de vouloir nous diriger par des déterminations étrangères aux besoins généraux de notre organisation.

3° Je ne grandis heureusement, en passant par toutes les phases de mon existence, qu'à la condition de vivre constamment en rapport avec toutes les parties de moi-même, de telle sorte qu'un juste équilibre permette le jeu libre et régulier de mes organes, sans souffrir d'augmentations particulières qui pourraient nuire au développement général ; l'enfance, l'adolescence, la virilité, sont une suite de formes nouvelles que je revêts en grandissant.

Or cette nécessité du progrès, inhérente à notre nature, doit s'accomplir successivement; l'homme serait exposé aux plus grandes douleurs s'il gênait sa croissance, s'il voulait être avant le temps ; les difformités des individus et des nations, proviennent souvent de l'accroissement lent ou prompt de telle partie du corps qui n'a pas suivi le mouvement général ; la folie, l'excès des passions, tiennent aussi aux influences hâtives ou tardives que n'a pas suivi le développement de la puissance de la raison. Aussi le seul moyen qu'il y ait de former un homme ou un corps social dans toute la force de l'acception, est-il de le faire grandir de telle sorte, que toutes les parties qui le constituent puissent se développer harmonieusement et sans exception.

La nature pourvoit d'elle-même à cet état de perfectionnement, lent et successif, de toutes les individualités ; mais dans l'ordre social c'est la raison publique qui doit le diriger, ce qui démontre la nécessité de la former, ce qui apprend pourquoi l'on révolutionne toujours ; ce n'est que lorsque la raison sera assez forte pour concevoir et exécuter l'organisation sociale qui convient au développement complet, à la croissance journalière d'un peuple, sans gêner sa vitalité, qu'on aura des sociétés vivaces et bien réglées, susceptibles de vivre en harmonie avec tout le monde; ainsi que le font aujourd'hui parmi les hommes, ceux d'entre eux qui ne sont entêtés d'aucuns préjugés, d'aucune ignorance, et chez qui le bon sens et l'instruction sont déjà devenus assez forts pour commander à toutes les déterminations.

4° Je ne poursuis ma carrière comme homme fait, dans l'état de société, qu'à la condition d'être en harmonie avec mes semblables. Si je nais au milieu d'un vieux peuple comme la France, chez qui le développement successif de la pensée a laissé des traces vivantes de religions, de préjugés divers, de toute sorte d'entêtemens toujours respectables, puisque chacun d'eux fut en son temps proclamé comme une vérité ; si l'organisation primitive de l'État, la puissance réunissante a été assez forte pour les obliger à se supporter, à demeurer ensemble ; je ne puis bien vivre avec tous, c'est-à-dire être effectivement civilisé, qu'autant que je serai nourri de la plus entière tolérance ; enfin si je puis être conduit à avoir des rapports directs avec ceux imbus d'un certain ordre d'idées ; il me sera impossible de m'en faire écouter, de m'en faire aimer, si quelque chose en moi leur rappelle les idées répulsives et ennemies avec lesquelles ils sont en divergence. Il n'est qu'un seul moyen de rétablir l'harmonie entre des intellects ainsi modifiés par le temps, l'habitude et les vanités délirantes; c'est de faire ce que nous avons tous fait depuis vingt ans avec nos proches, nos amis, arrêtés dans des opinions, dans des religions diverses ; c'est de compatir à leur manies, de ne les point brusquer, et de n'en adopter aucune avec l'exaltation de la passion, l'énonciation d'une préférence. Telle est la tâche qui reste à remplir à la population sage de la France ; si elle conserve sa modération, sa supériorité intelligente, elle finira par obliger tant d'esprits différens à se réunir entre eux, en les civilisant par la puissance de la raison bienveillante ; de manière à ce qu'ils puissent vivre en paix et mourir tranquilles, sans être trop surpris du bonheur et du calme dont ils ont fini par jouir ensemble.

Ce que je viens de dire comme homme, par rapport à mes semblables, la France peut le répéter comme être social, par rapport aux divers Etats qui l'entourent et qui ne sont de fait, que les individus d'une grande société qui habite l'Europe. Ne commettons plus la faute de renfermer nos regards dans notre activité sociale, voyons de plus haut ; agrandissons notre horizon ;

pensons à l'Europe, pensons au monde tout entier, en arrêtant nos institutions.

Jusqu'à présent les sociétés ont vécu en sauvages : la civilisation, c'est-à-dire la réunion de toutes les conditions qui rendent les hommes, les unités, propres à vivre ensemble, n'a encore pénétré que dans les individualités ; nous en voyons clairement la raison dans ce que nous venons de dire : ce n'est point la faute des hommes du pouvoir, c'est la faute des principes, des institutions barbares qui dirigent toujours les nations, en les plaçant, les unes envers les autres, dans l'état d'isolement des individus de partis différens, placés dans ces sociétés éphémères où l'on n'aspire qu'à s'entredétruire en guerroyant.

Quel moyen, par exemple, qu'un peuple anglican qui place des chrétiens en état de servilité, qu'un peuple de chrétiens qui opprime des protestans, qu'un pays où domine l'Eglise, hors laquelle il n'est point de salut, puissent jamais se civiliser et vivre en paix, en harmonie avec leurs voisins, avec eux-mêmes ? comment imaginer qu'une oligarchie anglaise, une noblesse allemande ecclésiastique, italienne, ou française, puissent s'entendre, autrement que pour opprimer les nations, qu'elles pressurent en détail après les avoir parquées. Vit-on jamais sortir des castes privilégiées, qui dominent les peuples, autre chose que des pensées de sauvages? au lieu de se réunir pour vivre entre elles en bonne intelligence, personne n'ignore que c'est par elles seules que depuis la fin des guerres de religion, les nations aveugles se sont entre-tuées. Furent-elles jamais en harmonie? N'est-il pas évident qu'il est de leur nature de demeurer isolées, et d'être par cela même le plus grand obstacle à la civilisation générale? N'ouvrons donc pas une nouvelle ère à ces monstres collectifs qui étaient sur le point de nous dévorer; non pas qu'ils soient composés d'hommes méchans, mais parce que c'est dans la nature de tout être collectif: il ne peut plus penser qu'à lui, dès qu'on lui a permis d'exister. Faisons avec les oligarques comme avec nos ultras de toutes les couleurs, traitons-les en frères, laissons-les en paix mourir de leur belle mort, mais gardons-nous de les ressusciter.

Enfin voulons-nous devenir pour toutes les nations, ce qu'est aujourd'hui parmi nous l'homme supérieur éminemment civilisé, qui a des amis dans tous les partis, dans toutes les castes, dans toutes les religions; qui les adoucit, les lie, les appelle doucement à la civilisation? débarrassons nos institutions fondamentales, de tout ce que l'Europe et le monde entier pourraient repousser, que la base de notre pacte social ne soit en opposition avec aucune société, qu'il ne contienne que des principes sur lesquels la raison, le bon sens, commun à tous les hommes, puissent généralement s'accorder.

APPLICATION.

En partant de ces principes, nous voyons que, pour former un corps social qui puisse heureusement se développer, et par suite vivre indéfiniment, il faut,

1° Une nation, un corps composé de parties disposées à vivre ensemble et simultanément ;

2° Des notables, choisis par les citoyens même, pour faire connaître toutes les modifications que l'état du moment réclame ;

3₀ Un gouvernement, un centre d'action générale qui soit composé des supériorités intellectuelles de l'ensemble, qui puisse recevoir, juger les impressions, et commander les mouvemens ;

4° Des agens particuliers qui puissent réagir pour exécuter toutes les décisions centrales.

Si le corps social se complique, comme il est difficile à un grand nombre d'hommes de s'entendre, on peut toujours, sous les noms d'échevins, d'électeurs de première, de deuxième classe, de députés, arriver à un petit nombre d'individus, dont l'opinion finit, en dernier résultat, par être l'expression commune de l'opinion prédominante de l'ensemble.

Cette opinion varie tous les jours comme les appétits, les désirs de tout ce qui a vie : le premier besoin de la partie intelligente du corps social, du gouvernement enfin, doit être de consulter l'opinion, de l'entendre, et, se modifiant sans cesse sur ce que les exigences du moment réclament, elle concourt ainsi au bien-être général, duquel dépend sa propre existence et son propre développement.

N'oublions pas qu'il est fondamental que toute la hiérarchie des citoyens, qui doivent pondérer la nation, pour en transmettre les sensations, les besoins au pouvoir modificateur, soit élue par elle sans mélange, sans restriction. Car, si demain je voulais substituer aux nerfs qui vivent au milieu de mes chairs, des organes factices pour remplacer mes sens, m'en rapportant à eux pour la nature de mes besoins ; il est bien évident qu'avec la cervelle la mieux organisée, je détruirais mon corps en peu de saisons : toute bonne détermination pour lui n'étant jamais que celle opportune, et l'intelligence parfaite, lucide, mais ignorante du besoin présent, ne pouvant en ordonner la satisfaction.

C'est au manque de communication réelle entre les besoins généraux et le pouvoir que sont dues les révolutions ; et si l'on veut y réfléchir, on en restera convaincu. Or, comme nous sommes tous trèsintéressés à n'en plus revoir, nous devons réclamer un ordre de choses qui nous montre ces communications inévitablement établies ; afin que l'autorité ne puisse refuser de voir les besoins du peuple, et qu'elle soit convaincue qu'il y va de l'existence totale et principalement de la sienne propre, dès qu'elle serait assez aveugle pour croire qu'elle pourra éviter de la satisfaire, souvent par un orgueil suranné que réprouve évidemment la raison.

Mon bras souffre, il n'est pas humiliant pour mon intelligence de le panser, à moins que ce ne soit pour avoir négligé de lui porter aide et secours lorsqu'il me l'avait demandé.

Lorsque le gouvernement a pensé, il lui faut des organes pour exécuter, mais ces organes doivent être indépendans des premiers ; et de même que nous avons des nerfs sensitifs et des nerfs moteurs, les citoyens, organes des besoins de la nation et désignés par elle, ne doivent être en aucun cas à la merci du pouvoir, tandis que les organes moteurs dans l'ordre administratif doivent lui être entièrement dévoués : de là l'absolue nécessité que les serviteurs de l'Etat, agens de l'administration, ne puissent jamais directement être électeurs ou députés.

Après avoir établi que le corps social doit avoir deux sortes d'organes indépendans l'un de l'autre, nous ajouterons une condition nouvelle, non moins importante : nous dirons qu'il faut que ces organes sociaux soient bien choisis, soient clairvoyans; et comme, dans l'ordre social, ils sont choisis par les individus mêmes, nous voyons découler de là cette nécessité d'une instruction primaire qui ne comporte point d'exception : instruction qui est aussi complète que possible, lorsque l'individu est assez intelligent, dans sa sphère d'action, pour ne pas se tromper sur la nature de ses besoins, pour démêler les plus urgens, et pour distinguer, au milieu de ce qui l'entoure, l'organe le plus propre à lui en éviter la privation.

Ainsi, après l'organisation municipale, l'éducation primaire, l'instruction publique, doivent appeler principalement l'attention : ce n'est pas cinquante mille francs que l'on doit voter pour cet aliment du corps social, ce sont des millions, et c'est à détruire tout ce qui est entrave, à flétrir tout ce qui est ignorance et paresse, que doit s'attacher la puissance morale de l'opinion.

C'est en vertu de cette stupide ignorance, que les départemens obscurs de la France nous ont envoyé depuis si long-temps des députés qui ont conduit le pouvoir à la déraison ; et certes on ne peut pas croire qu'aucun des électeurs voulût nous contraindre à faire une maladie sociale, à nous donner encore une fièvre, une révolution, dont ils ne pourront éviter de prendre la triste part qui leur en reviendra, comme de raison.

Tant que nous aurons un peuple oublié, des campagnes sans instruction, des communes inactives et ignorantes, la nation sera sans organes; tant que nos représentans seront choisis par la fortune, les villes même seront mal représentées.

Il est humiliant pour le pays, que la grandeur d'ame, le savoir, la probité, donnent moins de titres à la direction des affaires, qu'un bout de champ que l'on peut avoir mal acquis; nous sommes encore trop enfoncés dans le substantiel de la vie publique, pour faire entrer les qualités de l'ame et de l'esprit dans les dispositions qui doivent nous diriger. Que de grands hommes, que l'on pourrait citer depuis Homère et Diogène, qui eussent été trop pauvres pour être électeurs? Défions-nous donc d'une organisation sociale, dans laquelle les supériorités intellectuelles ne sont rien ; dans laquelle les services rendus ne donnent pas le droit de prendre la moindre part aux affaires; par laquelle la partie pauvre, intelligente et sentante, est livrée à la partie riche. Ne sait-on pas que la fortune court en aveugle-née, qu'elle va le plus souvent aux mains de l'ignorance active, et que le temps qu'on passe à faire fortune n'est pas donné à l'instruction, au développement de l'ame, à la générosité des idées? Réclamons donc une instruction publique entière, et délivrons de l'esclavage social toutes les supériorités de l'ame et de l'intelligence que la fortune a négligées.

Si l'on pouvait exécuter aujourd'hui l'organisation du peuple français ainsi que nous le concevons, de façon que des réactions continuelles puissent s'opérer des extrémités au centre et réciproquement, que les organes sensitifs et moteurs puissent se régénérer avec les progrès de la civilisation; il en résulterait que le corps social dans ces progrès, parcourrait heureusement sa course ascendante, qu'il s'opérerait en lui mille changemens imperceptibles, ainsi que le voudrait sa croissance; mais sans douleur, sans maladies aiguës, sans réactions; et que fort de santé et de vigueur, il s'élèverait avec les âges au plus haut degré de puissance vitale que la nature puisse réunir dans une nombreuse population.

Jusqu'à présent aucune nation n'a encore pu jouir de la plénitude de cette existence sociale réservée aux sociétés, dont l'étude approfondie de l'homme, élémens de l'ensemble, aura inspiré les institutions; par la raison toute simple que cette étude est encore à faire, que les moyens de progression de l'humanité sont encore inconnus. Si l'on en juge par l'entêtement de tous les hommes arrivés au pouvoir, et dont les premières inspirations, les rejetant dans les ornières du passé, les portent sans cesse à recréer, à reconstruire les éternelles barrières, toujours brisées, qui préparent les révolutions.

En conséquence, pour nous bien constituer, nous ne devons pas avoir d'institution de forme éternelle; que rien ne soit bâti en granit, coulé en bronze; que tout soit soumis, comme l'homme, aux modifications que la nature des choses apporte journellement avec elle; car toute disposition fixe, qui était un progrès tel jour, le lendemain peut être un obstacle.

C'est ainsi que beaucoup d'idées arrêtées ont long-temps tourmenté le monde : les formes des gouvernemens absolus, les ordres, les chartes, les religions, premier moyen de civilisation des humains, les ont presque toujours conduits à l'exaspération; leur fondement étant pris, dans l'ignorance et l'irréflexion, dans les phénomènes de conscience : c'est-à-dire au centre de ces sentimens humains, que chacun sent d'autant plus diversement, qu'ils sont moins d'accord avec la raison. Il en résulte qu'une fois admis, ils n'ont plus de modificateurs possibles, et qu'une fois arrivés à arrêter l'essor de l'intellect social, ils le compriment par la force, la violence, en préparant ainsi d'affreuses détonations.

En conséquence de ces inductions, qui justifient les révolutions qui nous sont le plus présentes, on ne peut pas former un État durable, avec un gouvernement absolu, une religion dominante, une noblesse héréditaire ; avec des corporations, des administrations qui ne portent pas en elles un principe modificateur qui leur donne un mouvement ascensionnel avec la vaste association d'hommes qui sont appelés à régler ; association qui se perfectionne, qui change chaque jour, et que tout ce qui en dépend doit nécessairement suivre, pour ne pas lui devenir funeste, en la portant à se révolutionner.

Aussi toute organisation secondaire doit être constitutionnelle, comme l'organisation principale, c'est-à-dire porter en soi ce principe de vie, de renouvellement ascensionnel sans lequel rien ne peut exister, croître, prospérer. Autrement dans un ordre de choses élevé, c'est le Vésuve dont le cratère s'est bouché ; plus il fermera hermétiquement, plus l'éruption sera dévorante : notre première révolution l'a démontré. Dans la seconde, qui est encore toute flagrante, nous avancions toujours malgré les efforts qui tendaient à nous arrêter, et sans les inspirations maladroites qui ont brusquement fermé la soupape, la machine à vapeur n'eût pas sauté.

N'oublions pas que, si l'on nous laisse encore comme aux Anglais, que l'on vante souvent judicieusement, mais dont le gouvernement est gothique; si l'on nous laisse, dis-je, une Charte immobile, des corps nobiliaires, autres que la chambre des pairs, une noblesse héréditaire quelconque, une religion de l'État, des corporations, des monopoles, etc., etc., des distinctions qui se reposent sur des lauriers qu'elles n'ont pas cueillis, et qui dispensent d'en planter; considérons-nous à l'avance comme étant replacés dans un état de révolution non éloignée. Nous sommes dans un siècle où la raison publique va vite, et pour qui ces vieilleries seront bientôt des obstacles; quelque inaperçu que soit un privilège, il devient en peu de temps la chaussure chinoise qui finit par blesser le pied, et que l'on n'aspire qu'à briser.

Permettons donc à la nation de nommer ses électeurs en les prenant, si elle le trouve bon, dans les hommes de l'autorité, dans les magistrats, les militaires, les savans ; en permettant aux électeurs de nommer les députés, aux notables et au pouvoir de nommer les pairs à vie ; souffrons la modification de la Charte par les trois pouvoirs; permettons à chacun de nous de choisir, de payer les ministres de son culte ; demandons qu'il soit donné à l'opinion d'établir la noblesse des œuvres, des services rendus; la décoration par jury, des dévouemens à tous les besoins de la société ; ne rougissons pas d'imiter les citoyens dans les exemples de subordination, de tolérance et de modération qu'ils viennent de nous donner; souvenons-nous que dans ses masses hétérogènes actives et combattantes, ce ne sont point les titres, les ordres qui ont servi le pays, qu'on n'a plus aperçu de ces exigences de l'orgueil et de la vanité dont les lois de l'État doivent enfin nous libérer. L'on ne demandait à personne quels étaient son rang, sa caste, sa religion, ses privilèges, son état; pourquoi l'on se battait, pourquoi l'on ne se battait pas; l'on criait vive la Charte, et l'on exposait sa vie à côté de l'homme froid, du spéculateur égoïste, qui prenait les maux du jour en patience.

Le ruban national, préféré par la masse agissante, n'a point été obligatoire pour quiconque voulait ne le pas porter. Gardons-nous donc de créer sur le corps social, de ces turgescences, de ces loupes politiques, qui tôt ou tard ne peuvent manquer de vivre aux dépens de sa croissance, en absorbant bientôt tout ce qui pourrait accroître sa vitalité, et laissons les moyens, à tous les élémens vivaces, de se caser avantageusement pour eux et pour le pays, dans toutes les parties actives de la France régénérée.

J'insiste sur le principe de répulsion pour tout ce qui est entrave et préférence héréditaire, non par antipathie pour quoi que ce soit, mais parce que je suis ami éclairé de l'existence sociale dont fais partie. J'aimerais voir la France au-dessus je des orages révolutionnaires, ouvrant les portes de la paix à toutes ces puissances routinières de l'Europe, que les peuples endormis réveilleront au premier jour avec la foudre et le tonnerre. J'aimerais à lui voir donner au Midi, l'exemple qu'un gouvernement du Nord offre depuis long-temps à l'admiration des personnes éclairées.

Les hommes ne sont plus grands, ne commandent plus à l'univers, parce qu'ils sont forts et entêtés; ils n'en imposent plus par le gigantesque des formes, bien qu'elles puissent leur servir de moyens d'oppression : ce sont les qualités de l'ame, l'utilité générale de la vie intellectuelle, qui commande à la gloire et impose l'admiration. Les descendans des Romanoffs ont fondé un empire en vertu des deux ou trois principes que leur a suscités la raison, et qu'ils ont eu le génie et le courage de mettre en exécution. Sans ces principes, la Russie aurait déjà cessé d'être ; mais l'entière liberté des cultes, la noblesse des services rendus qui s'anéantit par l'inaction, l'application des lois modifiée pour chaque population diverse, etc., ont porté dans les glaces du Nord une vitalité qui, depuis un siècle, a doublé ce trop vaste empire, et malgré la lèpre du servage, il offre cependant un ensemble extraordinaire, de vingt sortes de peuples différens d'intelligence, de religion, de mœurs et de civilisation.

Cependant les successeurs de Pierre Premier, et de la grande Catherine n'ont pas encore eu le génie de créer les institutions secondaires, d'accorder les développemens indispensables, pour élever dignement l'édifice social du colosse russe, en l'asseyant sur les bases larges et éternelles qui peuvent seules le consolider pour la tranquillité de l'Europe.

S'il a suivi en végétant son paisible développement, les principes cités l'ont seuls soutenu, mais ils sont insuffisans pour le vitaliser. Conduit aujourd'hui par un grand prince, il peut tomber demain dans la puissance d'un fou, en ne laissant d'autre souvenir au monde étonné que le spectacle de sa dissolution hâtive, en frappant l'avenir, comme ces membres de la statue d'Osimondias, par la grandeur de ses débris que le temps aura respectés.

Ainsi la Russie n'est pas un corps social durable; la Prusse, l'Autriche, l'Angleterre même, n'ont pas encore d'existence assurée : ces différens Etats étouffent, ils mourront plus tôt ou plus tard, sans avoir acquis leur développement complet; empêchés qu'ils sont dans leur croissance par les castes de toute espèce, par les religions d'État toujours intolérantes, par les droits d'aînesse dont ils sont si fiers, leur grande fortune et les misères qui en sont les conséquences; enfin par mille privilèges dont ils devraient gémir s'ils avaient plus de lumières, puisque ce sont eux qui arrêtent leur croissance et neutralisent, quoique vigoureux, les efforts renaissans de leur vitalité. Aussi ne voyons-nous nulle part de population heureuse ; si j'étais couvert de tumeurs qui absorbassent ma substance ; si mes extrémités sentantes étaient obligées de travailler pour ma tête, indifférente à leur appel, je ne serais plus qu'une masse informe, paralysée dans tous mes membres, affaiblis, rendus, accablés sous le poids énorme de ces vitalités secondaires, et, bien loin de pouvoir me développer, l'inévitable mort deviendrait ma seule espérance.

Concevons donc en pleine assurance que toute institution fixe, toute caste, que toute religion dans l'État est une calamité pour une nation; qu'aussitôt qu'elles y sont établies, elle doit rester circonscrite dans le cercle de leur influence et demeurer sans croissance possible, même lorsqu'elle jouit de la liberté des cultes; car l'autorité de l'un d'eux sur tous les autres, se change, comme le fait l'a prouvé, en une véritable oppression. Les religions, les noblesses dans l'État furent un bienfait lorsqu'elles étaient uniques et servaient à l'union; elles en feraient aujourd'hui le malheur parce qu'elles sont multiples, que l'égalité entre elles est impossible, et qu'une prépondérance quelconque doit les diviser. En conséquence elles sont inutiles, nuisibles, et doivent être laissées en dehors des institutions de l'État, pour ne pas arrêter le mouvement général de la civilisation.

DU GOUVERNEMENT.

Toutes les formes de gouvernement sont bonnes, sans exception; de même que la nature a fait des individus très-différens, l'intelligence humaine peut créer des corps sociaux sous des formes très-variées.

Ainsi, sans s'attacher au nom de la tête de l'Etat, sans descendre autrement dans les subdivisions, on est sûr d'être bien si l'on satisfait aux conditions fondamentales que nous avons citées, si elles portent en elles le principe de l'union, des sensations, du mouvement, et de la régénération.

En conséquence, tout vieux gouvernement qui veut vivre doit tendre à se les inoculer, non pas à main armée, par la violence, mais par voie de publicité d'élection et de persuasion.

Or les seuls moyens d'union toujours renaissans, des élémens sentans des corps doués de vie, sont les affinités vitales; ainsi tous les individus, élémens d'un même peuple, doivent avoir besoin les uns des autres, c'est-à-dire, être animés d'affinités sociales.

Il ne faut pas qu'il y ait d'opinion isolée méprisable même pour le prince, il faut tout préparer de manière à disposer à l'indulgence ; que chacun soit attentionné à se faire des amis ; que les ministres, les pairs, les députés, les militaires de tous grades, les hiérarchies judiciaires et administratives qui gouvernent, jugent et administrent la nation, soient renouvelées par elle, et maîtrisées jusqu'à un certain point par l'opinion ; l'opinion, ce despote du monde intellectuel et moral, à qui seul a été donnée la puissance de distinguer le vrai du faux, le juste de l'injuste, le bien du mal, etc., etc.

Cette dépendance réciproque à établir entre les membres de l'association, est la seule voie ouverte à l'organisation pour faire bien apparaître dans le corps social l'ame, le cœur, l'esprit national, qui vivifie les peuples, et peut seul les conduire au plus haut degré de civilisation ; c'est-à-dire au développement le plus complet, des qualités nécessaires pour vivre avec ses semblables, pour perfectionner les hommes, pour établir la paix entre toutes leurs associations.

Les principes de la vie et du mouvement dans le corps humain sont puisés dans les molécules des chairs, c'est-à-dire dans l'élément constituant de la masse vivante ; de même il faut que les principes actifs de l'Etat soient choisis dans les citoyens, rudiment primitif du corps social.

Dans notre gouvernement présent on a cherché dans la fortune, qui ne présuppose aucune capacité, la garantie de la vie, de la stabilité de l'Etat ; l'on a mis en dehors, en les oubliant complètement, les affections de la famille. Cependant, par une étude approfondie, on trouve moins de gages de stabilité, moins de source de civisme, d'attachement pour la commune patrie, dans le célibataire, fût-il fortuné, que dans le père nécessiteux qui aime sa femme et chérit ses enfans ; que dans l'ouvrier laborieux qui nourrit et soigne la vieillesse, la jeunesse de ses proches : qu'a-t-on produit par cette prédominance exclusive qu'avait donnée la loi de l'Etat à la présence de l'argent ? un peuple de spéculateurs ; on n'était pas recherché pour ses vertus privées ou publiques, on n'était pas satisfait par la conscience de ses actions, on n'était heureux que si l'on était riche, on se jetait sur l'or et sur les places, parce qu'ils étaient les seuls moyens d'existence sociale offerts à l'activité du présent, et pourtant considérée comme lien politique, la fortune est si peu de chose : puissance relative et bornée, elle réunit, visite peu d'élus et en satisfait moins encore !

Si l'on ne pouvait avoir de bonheur que par la

fortune, les quatre-vingt-dix-neuf centièmes des hommes seraient réduits à mourir sans l'avoir connu, tandis que les qualités du cœur et de l'ame peuvent être ressenties par quiconque ne les a pas privés de culture, croit-on qu'il n'était pas mêlé de douceur, cet élan généreux qui animait hier la population de Paris? que l'héroïsme, le dévouement, la compassion aux souffrances, l'exaltation des sentimens demeuraient sans échos? Croit-on que de telles émotions et les affections qui doivent en surgir, se fussent obtenus pour de l'argent?

En prenant les vertus primitives pour bases des institutions sociales, le bonheur peut appartenir à tout le monde en même temps : c'est semer du bien-être sur la terre que de donner des primes aux affections de la famille, aux vertus sociales, au désintéressement. Quelles imprévoyantes institutions que celles qui n'offrent que des satisfactions bornées à l'activité générale, tandis qu'il en est un si grand nombre qui seraient illimités, toujours en nous sans cesse renaissante, si l'on voulait les faire vivre au lieu de les étouffer, si l'on remettait en honneur toutes les vertus privées, toutes les qualités véritablement sociales, n'accordant d'avantage quelconque qu'aux citoyens qui en ont donné des preuves évidentes ; alors nous serions riches pour récompenser : sachons donc activer par nos institutions toutes les affections généreuses, leurs foyers immortels couvent dans la nation, et je dois déclarer que, dans les journées du 28 et du 29, j'en ai vu sortir des jets si lumineux qu'ils m'ont frappé d'admiration. Honneur au peuple de Paris, on l'a vu s'enflammer d'une indomptable inspiration. Pouvait-on croire alors qu'ils n'étaient pas désintéressés, ces humains mal vêtus qui prodiguent leur vie sans en espérer de rançon ? Ils étaient transportés, émus par quelque chose, bien supérieure à l'amour de l'or, et c'est ce quelque chose qui leur a fait opérer des prodiges, traiter l'ennemi abattu en frère, en s'oubliant pour tous, que, pour notre bonheur commun, je voudrais qu'on mît en action.

Pour commencer, que tous les citoyens qui sont chefs de famille, soit parce qu'elle leur est propre, soit parce qu'ils en sont les soutiens, forment le premier degré d'élection. Elément primitif du corps social, ils éliront dans leurs cantons tels candidats choisis comme ils l'entendront, même dans les parias, que doit nous laisser la nature des choses; le célibataire inutile, les employés salariés de l'administration; êtres isolés ou dépendans, qui ont besoin de cette régénération morale avant que de pouvoir entrer sans danger dans l'organe sensitif de la nation. Les chefs de famille seraient la seule corporation de l'Etat à laquelle tout le reste serait subordonné, elle recevrait ses membres, et pourrait les censurer, les repousser ; influer sur les places, les avancemens, on ne serait plus impunément vicieux, débauché, on ne pourrait aller au pouvoir sans être homme de bien.

Dès qu'on pourra puiser les principes sensitifs dans les familles, quelle que soit la marche que l'on suive pour aller par degré jusqu'à nommer la députation, nous serions assez heureux d'en être pourvus. L'on peut, comme en Suède, avoir des députés de campagnes, de villes, etc., qui vont directement à la chambre ; on pourrait les diviser en députés agriculteurs, manufacturiers, commerçans ; ou bien s'élevant graduellement d'élection en élection, arriver à nommer au chef-lieu les suprêmes représentans. Quel que soit le procédé que l'on adopte, n'oublions pas qu'il faut, pour que la chambre des députés ait de la vie, qu'elle se renouvelle sans cesse, et soit successivement composée, en dernière analyse, non pas des membres morts du corps social, mais de tous ceux qui jouissent de la plénitude de leur existence, et qui sont en avant de l'activité de la nation. Il faut que leurs élections descendent et prennent racine dans les dernières volontés sociales pour en devenir l'expression. Enfin il faut qu'aucune puissance quelconque ne puisse étouffer leur voix, gêner leur manifestation.

Pour que la chambre des pairs soit utile au pays dans la sphère d'action qu'on lui attribue, et que je n'entreprendrai pas de défendre, il faudrait que les membres en fussent choisis parmi les notoriétés, parmi les citoyens qu'une existence glorieuse a rendus chers à la patrie, et que les organes sensitifs auraient préalablement placés dans une classe vénérée, source unique de la pairie. S'il en eût été ainsi, je crois que la chambre des pairs eût pris une autre part aux souffrances des Français, lorsque leur cri de détresse se fit entendre; et puisque nous sommes en révolution, et bien à même de défaire ce que la raison désapprouve, on doit rendre le service à ce noble corps de le débarrasser des parties hétérogènes dont il a été presque étouffé par les dernières nominations, nominations brusquées par un pouvoir dont les constans efforts pressaient le renversement de nos institutions.

DU POUVOIR EXÉCUTIF.

Le pouvoir exécutif, général, consul, roi, empereur, etc., est toujours le meilleur possible s'il est au goût de la majorité; le nom ne fait rien à l'affaire; ce qu'il importe surtout, comme chef des volitions et des mouvemens du centre social, c'est qu'il n'est aucun privilège qui ne soit évidemment utile à l'Etat.

Qu'un chef de nation puisse à volonté faire la guerre, est une immense absurdité. C'est le moyen d'éterniser les exterminations d'hommes, de donner les passions, les aberrations, les maladies d'un individu au corps social tout entier, de l'exposer à des dissolutions prématurées par des épidémies qui ne sont point dans sa nature. La saine raison s'oppose à ce que le fait de la guerre soit abandonné aux idées variables d'un seul homme condamné, comme chacun de nous, à passer, en très-peu d'instans, de la raison à la plus complète folie. Ce fait ne peut donc être judicieusement décidé que par les chambres. C'est au peuple, qui doit verser son sang et payer de toutes parts les frais de la guerre, que l'on doit en appeler sur sa nécessité. L'opinion des députés seuls, d'accord avec toute la nation, doit suffire pour conclure la paix. Le pouvoir exécutif, dans ce cas comme dans toute autre circonstance, ne doit être investi de la puissance agissante qu'avec le concours de toutes les volontés. N'est-il pas déplorable que, pour des idées absolues, conduites par des passions individuelles, dirigées par un esprit tombé en démence, qu'un grand peuple tout entier puisse être placé, comme nous l'étions hier, au moment de sa ruine, sur la pente rapide de sa désorganisation. Modifions donc ces privilèges de la couronne. dans l'intérêt des peuples et des rois. Si nous l'eussions fait plus tôt, nous eussions sauvé Charles X de lui-même; ne laissons à l'autorité centrale que la puissance de faire du bien, et maintenons-la dans toutes les directions, de façon à ce qu'il ne lui soit plus possible de dépasser les lois, de se suicider avec l'armée en nous écrasant; que les nominations des ministres, des chefs de l'armée, etc., soient livrées à ses préférences, mais dans des élémens que nous choisirons. Quoi qu'en puissent dire les amis du pouvoir absolu, cette dépendance de tous n'a rien d'humiliant : mon intelligence ne rougit pas d'être dans la dépendance de mon corps; tel le veut la nature des êtres : sa véritable gloire, la seule, bien entendu, doit être de me conserver, de travailler à ce qu'il me convient de nommer mon bonheur, de n'entreprendre rien qui ne me convienne ; et si parfois ma tête expose la vie commune, il faut, pour que sa responsabilité cesse, qu'il y ait accord, détermination réfléchie, c'est-à-dire sentiment général recueilli dans l'ensemble de toutes mes impulsions.

DE L'ADMINISTRATION.

Le développement de la raison publique doit amener dans nos idées générales de très-grands changemens; nous reviendrons de nos adorations stupides pour les idoles que nous sculptons nous-mêmes, de nos admirations, de nos estimes pour tous les salariés que nous employons; la seule grandeur, la véritable noblesse est dans l'indépendance; un salarié, un courtisan, quelque titre qui le décore, quelque doré qu'il soit, n'est qu'un serviteur, qu'un valet; le servage de tel emploi, de tel homme n'empêche pas qu'il n'y ait servage, et la puissance du maître ne peut altérer le fait ni changer le nom, le principe de toute grandeur étant dans la pensée, dans sa détermination, indépendante de tout ce qui est humain. Satellite d'autrui, le sublime disparaît. Empreint du pouvoir, on devient nul pour l'opinion, sinon méprisable ou ridicule.

Après l'indépendance relative, je ne vois rien de plus honorable que les services rendus gratuitement à la nation. Si j'étais potentat, je ressentirais quelque gêne à recevoir mensuellement un salaire; je voudrais vivre de mon patrimoine, être plutôt une fois doté; n'ayant plus rien à faire avec le trésor public, je ne pourrais pas être taxé de puiser dans les revenus du pays; et le jour où les chambres iraient, d'après mon avis, contre l'intérêt bien entendu de la nation, je ferais, sans regrets pour ma liste civile, comme les Gustave et leurs successeurs; je dirais à mon peuple : Cherchez un autre prince; mais avec trente millions, et les frélons qu'ils attirent et qui les dévorent, un roi est pauvre ; il est placé dans une situation périlleuse et conduit à l'oppression. Car, dès que ses finances baissent, il trouve des gens payés, admirés et ruinés comme lui, qui ne demandent qu'à mitrailler pour avoir droit de malversation.

Nous n'avons vraiment pas l'instinct des préférences utiles à notre commune existence, commençons à le prendre ; divisons tout ce qui sert l'État en deux grandes divisions ; payons les employés indispensables, mais que toutes les places qui sont honorables et qui peuvent être occupées par tout le monde soient sans émolumens. On trouve bien des hommes pour être députés, en manquerait-on pour faire des pairs, des directeurs, des préfets, etc., etc.? Il est temps de déraciner le préjugé ruineux de la représentation. C'est parce nous manquons de vertus civiques que nous avons besoin de tant d'argent pour commander le respect des populations. On représente bien par son désintéressement, par son dévouement à son pays, aux intérêts de ses concitoyens, par son respect pour les lois ; tandis qu'on représente fort mal quand, sangsues politiques, on vit de la substance du peuple, qu'on dépense fastueusement en pervertissant les organes du pays, pour le mettre au servage des ordonnances, des impôts illégaux et des congrégations. Quand il est si économique d'avoir d'excellens, de désintéressés et d'honorables serviteurs, pourquoi les payer en argent ? Sinon parce que le pouvoir absolu n'a besoin que d'obéissance, ou bien encore parce que la nation n'étant pas mise en jeu par les institutions, le prince ne peut les payer qu'en lingots : attendu que l'estime et la considération publique sont une valeur dont la nation a le trésor et chaque citoyen la monnaie, ne craignons donc pas de nous en servir : c'est pour l'émulation une mine féconde, inépuisable, et s'il est des ames vénales, ne doutant pas que notre détermination n'en fasse naître de nobles et de désintéressées, plus qu'il n'en faut pour nous bien gouverner, pour nous bien servir, mettons en adjudication toutes les places, le pouvoir aura toujours assez à choisir.

DE LA JUSTICE.

Nous avons un grand pas à faire dans notre législation criminelle : c'est l'abolition de la peine de mort; la Russie nous a devancés depuis long-temps; la Suède ne justicie pas les criminels condamnés, s'ils ne conviennent eux-mêmes de leur crime. Les prévenus doivent pouvoir demeurer libres sur caution.

Les condamnés aux bagnes, aux réclusions viagères ou limitées, doivent être transformés en travailleurs; dès 1820, j'en avais démontré la possibilité; ingénieur des travaux maritimes dans le port de Toulon, j'entrepris la régénération de deux mille condamnés : en moins de deux années, de consommateurs qu'ils étaient, je les changeai en forçats producteurs ; rentrés depuis dans la société avec des métiers qui leur ont donné le moyen de vivre, l'habitude du travail leur a donné sa moralité.

Ne nous pressons pas de condamner à mort ; on peut régénérer le corps et les mœurs de tout ce qui a vie, sans qu'il en coûte rien à la société ; il suffit pour cela de traiter les coupables, au physique et au moral, par de l'instruction, par des soins bienveillans appropriés à leur infirmité. Ce sujet seul demanderait un traité.

A mesure que nous deviendrons plus sages, plus réfléchis, l'ordre civil judiciaire sera nécessairement réduit, avec l'inamovibilité des juges et le jury : la loi fondamentale doit laisser aux citoyens la faculté de terminer toute espèce de conteste, sans frais, par des experts pris dans leurs amis; et les mœurs publiques doivent encourager à s'en servir.

Ce serait sans doute un spectacle admirable que celui d'une nation qui serait composée d'hommes éclairés et vertueux en assez grand nombre pour qu'on en ait toujours près de soi auxquels on accorderait assez de confiance pour livrer ses intérêts à leur arbitrage : c'est par ce moyen qu'en Angleterre on est parvenu à réduire le duel ; d'ailleurs, avec le développement des lumières, les sujets de conteste deviennent plus rares et les entêtemens processif et agressif moins nombreux.

DE L'ARMÉE.

Chez tous les peuples, toutes les fois que l'armée a eu son existence à part, séparée de l'existence totale, elle a presque toujours dégénéré en moyen d'oppression.

Il est bien évident que, lorsque deux vitalités sont contiguës et différentes, il faut que l'une des deux finisse par opprimer l'autre.

Toute armée permanente me paraît donc évidemment un principe destructeur dans l'Etat, qui doit tôt ou tard désorganiser l'association. D'ailleurs, dans la situation actuelle de l'Europe; toute armée soldée ruine le peuple qui la paie, le vexe en temps de paix, et en temps de guerre elle est tout-à-fait insuffisante.

Je ne crois pas la guerre possible entre deux nations organisées sur nos principes, et que nous nommerons nations bien constituées, puisque en elles tout peut vivre, grandir et se régénérer. Un grand être multiple qui se détermine par trente-deux millions d'organes, n'entre pas simultanément en fureur comme un homme, et, s'il doit repousser les agressions barbares, les résistances compactes de la masse les ont bientôt mises à la raison.

En conséquence, réorganisant notre garde nationale, sachons entretenir l'ordre et nous garder nous-mêmes, nous n'aurons plus besoin d'en venir aux mains avec les troupes que nous croyions d'abord être payées pour défendre nos institutions.

Quant aux moyens de former une armée qui puisse être utile à nos voisins et nous bien défendre, il suffirait pour cela d'entretenir les corps savans, les cadres d'officiers, fondement de leur organisation, en appelant sous les drapeaux toute la jeunesse française sans exception, non pas pour y rester sept ans, dix ans, et finir par semer la paresse, l'incapacité, la servilité, dans la France ; mais pour quelque temps, une année, par exemple, afin que la présence au régiment et le joug de la discipline, l'obéissance passive, apprenne à commander ; en servant en quelque sorte de complément commun à toutes les éducations des enfans de la France.

Le service des places fortes, des frontières, pourrait être fait par cette jeunesse brillante, qui rentrerait dans ses foyers, et dont partie pourrait au besoin être employée aux grands travaux de la nation.

L'on aurait ainsi peu de soldats à payer, et s'il pouvait se présenter une guerre, toute la nation serait préparée pour défendre son indépendance.

Je sais les préjugés qui veulent que l'on garde sept ans un homme sous les drapeaux, qu'on lui fasse perdre son état; qu'il ne soit plus dans le corps social, qu'un membre parasite arraché à la circulation générale dont il n'a plus les affections, pour leur substituer l'incapacité industrielle et l'amour d'un chef de légion. C'est une des plaies des siècles passés, une des plus grandes causes de souffrances pour les peuples; laissons les Prussiens et les Autrichiens parquer leur population par ces ilotes armées qui ne sont plus en harmonie qu'avec la dépendance. Si jamais ils venaient nous attaquer, il suffira de quelques instans pour trouver, comme le 28 et le 29 juillet, des soldats d'un jour, dont le courage ne se fera pas attendre, et c'est aux postes avancés, en présence de leur attaque impuissante, que se finira leur éducation.

Lorsque chacun aura fait son apprentissage de la guerre, et fortifié la connaissance de ses droits et de ses devoirs par les moyens de les faire respecter, il pourra se livrer à tous les travaux utiles sans avoir fait à l'Etat aucun sacrifice qui ait pu compromettre le sort de son individualité.

Quant à la nomination aux différens grades, comme le point important est que l'armée soit nationale, et que sa confiance en ses chefs soit entière, ils seront nommés par élection : les nominations par le roi conviennent aux institutions oligarchiques ou féodales, mais les peuples qui veulent conserver une armée nationale et rester libres, doivent nommer tous leurs officiers, en présentant les candidats aux commandemens supérieurs à la nomination du chef de l'Etat.

DE LA RESPONSABILITÉ.

Tous les agens du pouvoir exécutif doivent être, sans exception, responsables de leurs actions; dans l'armée, depuis le maréchal de France jusqu'au soldat; dans l'administration, du ministre jusqu'au dernier employé.

Si le soldat avait répondu de ses actions ces jours derniers, tous auraient eu la force de résister aux ordres de leurs chefs, et de proche en proche, le général n'eût pas été écouté, les institutions de l'Etat devenaient inébranlables par la violence militaire, et la fraude administrative devenait aussi impuissante, si elle n'eût pas été assurée de l'impunité.

On doit établir cette solidarité dans l'intérêt même du chef de l'État; au moins s'il est trompé ou tombe en démence, en revenant à lui, il revoit tout en paix, et n'a pas, comme l'infortuné Charles X, des larmes de sang à répandre.

RÉSUMÉ ANALYTIQUE.

La raison publique peut se diviser; nécessité de la réunir par des principes.

Analogie du corps social et du corps humain. On n'a pas encore eu de société vivante; toutes végètent. Comment faire pour en créer une vivace? Il faut en chercher les principes dans la connaissance de l'homme, type naturel d'organisation physique intellectuelle et morale.

A quelles conditions j'existe, je me conserve, je grandis, je vis avec mes semblables : c'est pour ne pas les avoir satisfaites que nous avons envahi dix fois les peuples voisins, qu'est tombé le gouvernement des ordonnances.

Il n'est point de vie, de croissance possible dans les corps dont les parties ne peuvent pas grandir et se régénérer en même temps.

On créera des sociétés qui auront de la vie, lorsque la raison publique sera assez éclairée pour en concevoir l'organisation.

On ne peut réunir les vieux peuples que par une entière tolérance; toute préférence les tue, les concrétionne au lieu de les régénérer.

Ce sont les institutions des sociétés de l'Europe qui les placent entre elles à l'état sauvage; n'en accusons pas les hommes du pouvoir; coupons les racines de l'intolérance, des préférences, des préjugés; portons la civilisation dans le corps social pour la faire pénétrer dans la politique.

APPLICATION.

Du peuple, des notables, du gouvernement, organes sensitifs et organes des mouvemens essentiellement séparés; l'un indépendant, l'autre dépendant. Les révolutions sont faites par le manque de communication entre l'intelligence et la substance, entre le pouvoir et la nation.

On ne peut obtenir de communications que par l'organisation élective et l'éducation primaire; donner des millions et des primes pour la complète extension de l'instruction publique.

L'ignorance, l'hypocrisie et la mauvaise foi, ont perdu le gouvernement de Charles X.

Chercher des représentans autrement que par la fortune. Elle court en aveugle. Délivrons du joug de la propriété, les supériorités de l'ame et de l'intelligence.

D'après cette organisation, le corps social se développerait indéfiniment sans révolution. On n'en a jamais eu d'exemple, parce que jusqu'à présent l'étude de l'homme a été négligée. Repoussons les institutions qui ne peuvent grandir et se régénérer avec la nation.

Le pouvoir absolu, les religions d'Etat arrêtent la civilisation et paralysent les sociétés.

Ne prenons plus pour modèle le gouvernement gothique des Anglais. Ce peuple industrieux végète, et doit mourir avant maturité. Plus de charte immobile, de corps héréditaires, de religions d'Etat, de monopoles, de distinctions vendues. Ne créons point de loupes sociales et politiques ; elles ne pourraient vivre qu'aux dépens de notre vitalité.

Je voudrais voir la France à l'abri des révolutions, donner la paix à l'Europe. C'est le seul moyen d'y arriver. N'envions rien à nos voisins ; ils ne sont que des agglomérations d'hommes ; les plus avancés végètent ; ils peuvent apprendre de nous à s'organiser pour vivre ; soyons les bienfaiteurs de l'humanité.

DU GOUVERNEMENT.

Toutes les formes de gouvernement sont bonnes si les principes de l'union, du mouvement et de la régénération sont bien observés.

Les institutions doivent établir des dépendances réciproques entre tous les élémens de la nation, faire naître le plus possible les affinités sociales.

La puissance de l'opinion par voie de persuasion peut seule conduire à la civilisation.

Le principe vital d'une nation ne peut être pris

que dans le peuple. Ce n'est point dans l'impôt, dans la fortune qu'il faut chercher les premiers élémens d'activité, c'est dans les affections, les vertus de la famille. Ce ne sont point des spéculateurs, des égoïstes insensés qu'il faut faire naître pour constituer une nation, ce sont des citoyens; le chef de famille en est l'unité.

Il est dans l'homme bien des sources d'activité, la fortune ne met en jeu que les moins abondantes; les institutions qui mettent en action les impulsions sublimes et sans cesse renaissantes de l'ame et de l'intelligence, sont les seules d'immortelle durée.

Les chefs de famille forment une corporation qui se règle, se censure. Ils peuvent élire pour électeurs ou délégués les célibataires, les employés salariés. D'élection en élection on peut nommer les députés; leur entière indépendance.

La chambre des pairs nommée à vie serait renouvelée par le gouvernement. Il serait obligé de choisir dans une classe de citoyens désignés par le pays pour avoir bien mérité de la patrie.

Abolir la nomination de pairs faite dans notre dernière révolution.

DU POUVOIR EXÉCUTIF.

Le chef de l'Etat ne doit avoir aucun privilège que la raison ne puisse approuver.

La guerre doit être décidée par l'ensemble des

trois pouvoirs. L'opinion des députés seuls, d'accord avec toute la nation, doit suffire pour conclure la paix.

DE L'ADMINISTRATION.

Le type de la grandeur de la noblesse est l'indépendance relative ; il n'est de plus digne, que les services rendus gratuitement à la nation. Le chef de l'Etat doit être doté une fois pour tout. Plus de liste civile, moyen détourné de puiser indéfiniment dans le trésor public.

Plaçons les princes dans le cas de renoncer au trône plutôt que de songer à le retenir ; les millions qu'on leur donne sont un appât aux ambitieux, qui les enchaîne sur leur trône pour dépouiller et pour trahir.

Divisons les places en deux ordres : que les places honorifiques soient gratuites, que les places secondaires soient salariées; déracinons les préjugés ruineux de la représentation. L'estime et la considération sont une valeur dont les hommes riches et bien nés sont avides, et dont les nations ont la monnaie : mine féconde d'émulation, de nos jours trop négligée.

DE LA JUSTICE.

Abolissons la peine de mort, la Russie, la Suède, nous ont dévancés.

Réduire les prisons; retenir par cautionnement.

Régénérer les condamnés par le travail et l'instruction, encourager les jugemens par experts.

DE L'ARMÉE.

Toute armée permanente devient oppressive, c'est un corps hétérogène dans l'Etat, nuisible et insuffisant aujourd'hui.

Les nations organisées ne font pas la guerre; elles se lèvent tout entières contre les invasions.

Organisation de la garde nationale; que tout Français soit un temps court et limité sous les drapeaux; complément de l'éducation.

On sème l'incapacité, la misère et la servilité dans un pays, en gardant des soldats plusieurs années à l'armée.

Nominations à tous les grades par l'armée; officiers supérieurs choisis par l'autorité dans des candidats que l'opinion publique a désignés.

Tous les agens actifs de l'Etat doivent répondre individuellement de leurs actions.

CONCLUSION.

Maintenant, quelles que soient les modifications qu'on nous propose dans nos affaires publiques, nous avons les moyens de juger leur portée, souvenons-nous que nous sommes un corps vivant et changeant, que l'association sociale nous ressemble, et que tout ce qui pourrait nous nuire individuellement ne peut pas être utile à son développement; nommons nos maires, nos députés; qu'il n'y ait pas majorité sans les deux tiers des voix; que les places, les travaux scientifiques soient mis au concours, les emplois en adjudications; que ceux des finances soient adjugés sur hypothèques; que les offices publics soient vendus en viager au bénéfice de l'Etat. Veillons à la paix intérieure, évitons les privilèges, les castes, les idées fixes qui portent le marasme dans le corps social dès qu'il ne peut pas se renouveler; et, puisque la nation demande à vivre, qu'elle commence à se concevoir, agrandissons la sphère de son existence en lui permettant des mouvemens libres et réglés.

Par quel moyen civiliser, si le riche n'a pas besoin du pauvre, le puissant du faible; si dans les riches et les puissans l'on n'a pas préparé, par les institutions fondamentales, tous les moyens possibles de réunion.

En partant de ce point de vue, étonnons-nous de notre peu d'ensemble. Quel besoin l'homme de cour, les administrations, l'armée, avaient-ils de la nation; et tous ces membres épars d'un grand corps disloqué, qu'avaient-ils de commun? la pensée des barbares, l'espoir de dominer tour-à-tour le pays; et je dis le pays, car c'est seulement d'aujourd'hui que l'unanimité des citoyens pour conserver les lois à transformé la France en un corps de nation.

Je finis en faisant des vœux pour que nous donnions au monde le premier exemple d'une grande nation qui avance dans le cours de son existence, en se régénérant chaque jour sans secousses, en se pondérant dans toutes ses extrémités, et qui de plus en plus puissant par le seul fait de sa vitalité, n'a point de révolutions à craindre ni d'ennemis à redouter.

Dans cet écrit fait à la hâte, les questions ne sont qu'effleurées : pour être bien compris, il aurait fallu plus de développement, ou que le lecteur fût au courant des études que nous allons publier sur l'homme et la société : études élémentaires, mais positives, desquelles ressortiront un jour les connaissances complètes de l'être isolé et de l'être collectif; en faisant disparaître en masse les gothiques idées, restes obscurs des vieux âges, et toute cette alchimie publique et politique dans laquelle, depuis tant de siècles, les dominateurs et les législateurs des peuples, ont vainement cherché les principes éternels, la puissance durable, fondement assuré du bonheur des nations et de leur immortalité.

Le colonel RAUCOURT DE CHARLEVILLE,
Ingénieur des Ponts-et-Chaussées.

www.ingramcontent.com/pod-product-compliance
Lightning Source LLC
LaVergne TN
LVHW021704080426
835510LV00011B/1574